西暦	アジア・アフリ...	
1600	インド=イギリスが東インド...	
1602	インド=オランダが東インド...	
1616	中国東北部に後金成立　太祖...	
1619	サルフの戦い　ヌルハチ、明...	
	ジャワ=オランダがバタビア市を建設	
1631	明=李自成の反乱	
1632◆	タージ・マハルの造営はじまる	
1633	インド=ベンガル地方にイギリスが進出	
1636	後金=国号を清とあらためる	
1644	清軍、李自成を破り、北京を首都として中国支配はじめる　明滅亡	
1673	清=三藩の乱　呉三桂、雲南で挙兵（—1681）	
1689	ネルチンスク条約　清とロシアの国境を定める	
1690	清=第1次外モンゴル遠征	
1707	インド=アウランゼーブ帝死　インドの分裂抗争	
1735	清の領土最大となる	
1747	アフガニスタン建国	
1757	プラッシーの戦い　イギリスの全インド支配へ	
1767	第1次マイソール戦争（—1769）	
1768	第1次ロシア・トルコ戦争（—1774）	
1771	ベトナム=タイソン党の乱	
1774	インド=イギリスのヘーチングズが初代ベンガル総督就任	
1777	ベトナム=タイソン朝成立	
1786	タイソン朝、ベトナム統一	

◆印は不明確な年号、ころの意味です。

キリスト教を禁じる（幕藩体制・士農工商）　産業の発達　鎖国　享保の改革　田沼時代　寛政の改革

町人文化（元禄文化）栄える

1700

1800

目　次

ニュートン　　　　　　文・有吉忠行　……………… 6
　　　　　　　　　　　　絵・永沢　樹

フランクリン　　　　　文・有吉忠行　……………… 20
　　　　　　　　　　　　絵・安久津和巳

ケプラー　　　　　　文 加藤貞治　絵 槙　隆夫　………… 34
デカルト　　　　　　文 加藤貞治　絵 高山　洋　………… 36
クロンウェル　　　　文 加藤貞治　絵 高山　洋　………… 38
レンブラント　　　　文 加藤貞治 ……………………………… 40
パスカル　　　　　　文 加藤貞治　絵 高山　洋　………… 42
ルイ14世　　　　　　文 加藤貞治　絵 小林征夫　………… 44
ピョートル大帝　　　文 加藤貞治　絵 高山　洋　………… 46
バッハ　　　　　　　文 有吉忠行　絵 高山　洋　………… 48
ヘンデル　　　　　　文 加藤貞治　絵 田中　潔　………… 50
モンテスキュー　　　文 加藤貞治　絵 永沢　樹　………… 52
ルソー　　　　　　　文 加藤貞治　絵 永沢　樹　………… 54
カント　　　　　　　文 加藤貞治　絵 永沢　樹　………… 56
クック　　　　　　　文 加藤貞治　絵 高山　洋　………… 58
アークライト　　　　文 加藤貞治　絵 永沢　樹　………… 60

読書の手びき　　　　文 子ども文化研究所　……………… 62

せかい伝記図書館 6

ニュートン
フランクリン

いづみ書房

ニュートン

(1642—1727)

万有引力の発見など、数かずの偉大な発見によって、近代科学の基礎をきずいた大科学者。

●工作がすきな少年

「はい、お食事ですよ。卵は、ストーブにかかっているなべで、半じゅくにゆでてくださいね」

ニュートンが勉強しているところに、ばあやが食事をおいて出て行きました。ところが、ばあやは、しばらくしてまたやってくると、思わずさけびました。

「あらまあ！ゆで時計だわ」

なべの中でにたっているのは時計でした。勉強に熱中していたニュートンは、卵をゆでるつもりで、横にあった、かいちゅう時計をゆでてしまったのです。

「40歳にもなって、しっかりしてくださいよ」

ニュートンは、ばあやに、しかられてしまいました。でも、歩きながら本を読んでいて犬をふんづけたり、朝、考えごとをしているうちに、パジャマの上に服を着て学

校へ行ってしまうようなニュートンには、時計をゆでたくらいのことはへいきでした。
　この時計事件は、ニュートンが大学教授になって、『プリンキピア』という本を書いているときのことでした。

　万有引力の法則を発見した大科学者アイザック・ニュートンは、1642年に、イギリスの首都ロンドンの北にある、ウールズソープという小さな村で生まれました。家は、あまりゆたかではない農家でした。
　父は、ニュートンが生まれる数か月まえに亡くなり、母はそれから2年後に、子どもを家においたまま、とな

り村の牧師と再婚してしまいました。ひとりぼっちになったニュートンは、祖母に育てられました。

　生まれたとき、この子は育つだろうか、と心配されたほど小さかったうえに、おばあちゃん子のニュートンは、いつも家にばかりいる、ひよわな子どもでした。

　本を読むのがすきでしたが、いちばん楽しいのは、のこぎりや、かなづちを持ちだしてきて、板きれで、いろいろなものを作ることでした。小さな船や車を作っているときは、父も母もいないさみしさも忘れて、日がくれるのも気づかないほど、むちゅうでした。

●ぼくだってやればできる

「よわむしニュートン、泣きむしニュートン」
　6歳で村の小学校にはいったニュートンは、いつも、みんなにからかわれました。女の子のようにおとなしく少しいじめられると、すぐ目に涙をいっぱいうかべたからです。教室では、ほかのことばかり考えていて、先生になにを聞かれても答えられず、成績も、クラスでおしまいのほうでした。ただひとつ、人よりもよくできたのは工作だけでした。

　2年、3年、4年と学年がすすんでも、成績は、少しもよくなりませんでした。友だちとはあまりあそばず、

日時計、水時計、水車や風車のもけいなどを作って、まい日をすごしました。ものを作らないときは、空や雲や月や星をながめて、自然のふしぎさを考えつづけました。

　6年生になったときのこと。

　ニュートンが、小川で、みごとにできあがった小さな水車の実験をしていると、クラスの子どもたちが集まってきました。そして、クラスいちばんの力もちの子が、からかいはじめました。

「よわむしニュートンに、そんなものが作れるものか。きっと、だれかに作ってもらったんだろう」

　これを聞いたニュートンは、がまんができなくなりま

した。そして、あっというまにとびかかっておしたおすと、その子を、こうさんさせてしまいました。

さあ、つぎの日からは、ニュートンを、よわむし、泣きむしと呼ぶものは、いなくなりました。

「力いっぱいぶつかれば、ぼくだって負けないんだ」

すっかり自信がついたニュートンは、それからは勉強にも力を入れ、小学校を卒業するときの成績は、クラスで1、2ばんになっていました。

工作少年ニュートンの頭につまっていたのは、ものをおおくおぼえることよりも、自分の力で、わからないことを深く考えるということでした。

● 丘の上のふしぎな光

12歳になったニュートンは、家から少しはなれた町に下宿して、その町の中学校へかよいはじめました。

ところが、ニュートンの楽しみは、勉強よりも、やはり工作でした。高さが1メートルもある水時計を作ったとおもうと、そのつぎには、ほんものそっくりの風車を作りあげて、下宿の人たちをおどろかせました。屋根の上に建てた風車は、昼も夜もまわりつづけ、下宿の家は、いつのまにか町の人びとに、風車のある家とよばれるようになりました。

　また、町のたこあげ大会では、形や大きさなど、よく研究して作ったたこをあげて１等賞になりました。

　それからまもなくのこと、町じゅうに、こわい話が広がりました。夜、町はずれの丘の上に、まるで、ひとだまのような、ふしぎな光が現われるというのです。

　ところがこれは、ニュートンが、火をつけたちょうちんをぶらさげて、たこをあげていたのでした。たこをあげて風のむきや強さなどを観測しているうちに、すっかり暗くなり、ちょっと、いたずらをしたのです。

　やがてこのことがばれてしまい、みんなにしかられたニュートンは、しばらく下宿で小さくなっていました。

小学生のときとはちがって、こんないたずらもする中学生の生活は、たいへん楽しいものでした。
　しかし、２年生を終えたとき、学校をやめなければならなくなり、ニュートンは、下宿をでて家に帰りました。再婚していた母の夫が亡くなり、母が３人もの小さな子どもをつれて家にもどってきたため、畑の仕事を手つだわなければならなくなったからです。
「学校をやめるのは悲しい。でも、家族６人をかかえて、おかあさんだけ苦労させるのは、かわいそうだ」
　ニュートンは、まっ黒になって、はたらきはじめました。でも、しばらくすると、ぼんやりして大しっぱいをするようになりました。
　ある日、馬をひいているとき、金具がはずれたのに気づかず、馬をどこかにおきざりにして家に帰ってきました。またあるときは、ニワトリ小屋を修理しているうちに、ニワトリを、ぜんぶ逃がしてしまいました。たねまきをしていても、草刈りをしていても、いつのまにか、ぼんやり立っていることが、おおくなりました。
「あの子は、いつも、なにか考えごとをしている。どうも、畑仕事は、むかないようだわ」
　母は、こまってしまいました。
　村にあらしがおそってきた日のこと。家に、ニュート

ンのすがたが見えません。そこで心配してさがしに行くと、ニュートンは、吹きあれるあらしのなかで、びしょぬれになって、とびはねていました。
「ぼく、風の力や速さを、はかっていたんだよ」
　ニュートンは、家にもどってくると、ずぶぬれのまま楽しそうに笑っています。これを見た母は「まあ」といったきり、あきれてしまいました。
「やはり、あの子にはすきな道を進ませてやろう」
　母の決心で、それからまもなくしてニュートンは、ふたたび、中学校へ行くようになりました。
　学校のかべに、たくさんのいたずら書きを残して中学

校を卒業したニュートンは、19歳で、ケンブリッジ大学へ入学しました。

●はたらきながら大学へ

家には、3人の弟や妹がいます。母に、学費をぜんぶだしてもらうわけにはいきません。
「よし、母に、めいわくをかけないようにしよう」
ニュートンは、そうじや夜まわりなど、大学の用事をひきうけてお金をもらいながら、勉強をつづけました。とくに、これまで工作のときに必要だった数学や、空や星をながめているときに疑問を感じていた光学を、いっしょうけんめいに学びました。
「ニュートンは、はたらきながら、人の3倍も4倍も勉強して研究をつづけている。学生のもはんだ」
おおくの教授からみとめられるようになったニュートンは、3年に進んだとき特待生にえらばれ、学校の授業料はおさめなくてもよいようになりました。
「ぼくは、しあわせだ。これでもっと勉強ができるぞ」
ニュートンは、思いがけないよろこびを母に知らせると、ますます勉強にはげみ、23歳で、このイギリス最高の大学を卒業しました。「2項定理」というむずかしい数学の計算のしかたを発見したのは、このころです。

「大学に残って、もっと研究したい」
　研究がおもしろくてしかたがないニュートンは、卒業すると、そのまま大学の研究室にはいりました。
　ところが、それから数か月して、ロンドンに、ペストとよばれる伝染病が広がり、大学は、伝染病がおさまるまで休みになってしまいました。
　ロンドンにいては、きけんです。しかたなくニュートンは、なつかしいウールズソープ村へ帰りました。
「ケンブリッジの学者が帰ってきたぞ」
　村では、むかしの「よわむし、泣きむし」がりっぱになってもどってきたのを、みんながよろこびました。

● 空の月はなぜ落ちない

「学問は、どこでだってできるさ」
　ニュートンは、畑の仕事を手つだいながら、ひまをみつけては本を読み、考えをねり、考えがまとまるとノートに書き記していきました。
　ある日のこと。庭のリンゴの木の下で天文学の本を読んでいると、リンゴがひとつ、足もとに落ちてきました。
　びっくりしたニュートンは、しばらく、草むらのなかの赤いリンゴをみつめていましたが、ふと、いままで気にもとめなかったことを考えはじめました。
「リンゴが落ちてきたのが、地球に、引力があるからだということはわかっている。でも、リンゴは落ちてくるのに、月は、なぜ落ちてこないのだろう」
　考えて、すぐわかることではありません。
「月には、月をひっぱっているものが、やはりあるからだろうか。地球と月がぶつかりあわないのは、ふたつとも、おたがいにひっぱる力が、うまく、つりあいがとれているからだろうか」
　それからは、いつも、このことを考えつづけました。そして、地上の物体や宇宙の物体の運動を計算するために、微分積分学という数学の研究もはじめました。また、

母や妹や弟たちに、プリズムで7色の美しさを見せてびっくりさせながら、太陽の光の研究もつづけました。

　子どものときから、ひまさえあれば工作をしていたニュートンは、この、大学のペスト休暇のときも、やはり時間をつくっては、なにかを研究してすごしました。そして、ペスト休暇でなかまたちがあそんでいるあいだに、自分だけは、大科学者ニュートンへの階段を、一歩一歩、のぼっていきました。

● 浜べでひろったひとつの貝

　やがてペストがおさまり、引力と数学と光についての

考えを記したノートをかかえて、ケンブリッジ大学にもどったニュートンは、25歳で反射望遠鏡を発明し、27歳の若さで教授にえらばれ、また、名誉ある王立学会の会員にもくわえられました。
「そろそろ、長いあいだの研究と実験の成果を、しっかりした論文にまとめて発表しよう」
大学教授になって生活にゆとりがでてきたニュートンは、やがて、本を書きはじめました。そして、45歳のときに、物体と物体がたがいに引きつけあう万有引力の法則をまとめて、『プリンキピア』という本を出版しました。それは、世界の科学の歴史のなかで、いまでも、もっともすぐれている書物だといわれているものです。
「この本は、物理学や天文学の発展に、どんなに役だつかしれない。ニュートンは、すべての科学者の恩人だ」
『プリンキピア』を手にして、世界の科学者たちは口をそろえて、ニュートンの偉大さをたたえました。
ニュートンは、そのご、56歳で大学教授をやめると、お金を作る造幣局の局長や、国会議員や、王立学会の会長、それにグリニジ天文台のかんとく委員長などをつとめて、国のためにも力をつくしました。また、忙しい仕事のあいだにも研究をつづけて、六分儀という天体の測定器を発明し、『光学』という本も書きました。

「わたしが発見した自然のきまりは、浜べでひろった、ひとつの貝がらのようなものだ。浜べには、もっと美しい貝がらがたくさんちらばっている。それに、浜のむこうには、さらに神秘な海が広がっている」

これは、ニュートンが残した有名なことばです。

ニュートンは、自分が発見したのは、この広い宇宙のなかの小さなことだといっています。神秘なことはまだまだ、たくさんあるといっています。そして、若い人たちに、きみも努力をすれば新しい発見ができますよ、と語りかけています。ニュートンは、自分の人生を、才能よりも努力できりひらいた科学者でした。

フランクリン

(1706—1790)

ひらい針を発明して科学につくし、アメリカの独立と発展の原動力となった偉大な政治家。

●植民地のわんぱくこぞう

　アメリカ合衆国が誕生したのは1776年です。それ以前のアメリカは、ヨーロッパから移住してきた白人たちが、この新大陸をうばいあい、イギリス、フランス、スペインなどの植民地に分かれていました。

　アメリカの建国に力をつくしたベンジャミン・フランクリンは、そのイギリスの植民地であったボストンで、1706年に生まれました。上には、14人もの兄や姉がいました。1683年にイギリスから移住してきた父の仕事は、ろうそく屋でした。

　フランクリンは、8歳で、ラテン語学校に入れられました。父は、おさないころから字をおぼえるのが早かったフランクリンを、牧師にしようと考えたからです。でも、家の暮らしがまずしかったため、そのラテン語学校

は1年でやめさせられ、しばらく読み書きと算数を教える小さな学校にかよったのち、10歳のときから父の仕事のろうそく作りをてつだうことになりました。しかし、小さいころから明るい海と港を見てそだった少年には、暗い家のなかの仕事は、すきになれませんでした。
「ぼくは、大きな船で、あの広い海を渡るのだ」
　船こぎも水泳も魚つりも、だれにも負けなかったわんぱくこぞうの夢は、船乗りになることだったのです。いたずらずきなわんぱくこぞうでも、心はすなおでした。
　ある日、魚がよくつれる池のそばに石が積んであるのを見つけたフランクリンは、夜、友だちを集めてきて、

岸にしきつめました。いつも魚をつるとき、どろ沼のような足もとに、みんなが困っていたからです。
　さあ、朝になっておどろいたのは、その石を土台にして家を建てるつもりだった大工です。
「こんなことをするのは、あのこぞうにちがいない」
　大工は、フランクリンの家へとんで行きました。すると、みんなの役にたつことをしたのだと信じているフランクリンは、なかなか頭をさげようとはしませんでした。しかし、やがて父の話を聞くと、自分の考えがまちがっていたことを、すなおにあやまりました。
「人の役にたつことを考えたのは、よいことだよ。でも、大工さんにめいわくをかけたのはよくない。正しいおこないでないと、どんなことをしてもだめなんだよ」
　この父の教えは、わんぱく少年の心の奥に、いつまでも残りました。

● **本がすきで印刷所へ**

　フランクリンは、本を読むのがすきでした。小づかいはみんな本代に使い、父が持っていたむずかしい本も、かたはしから読んでしまいました。
　そこで父は、本ずきなのを見こんで、フランクリンを印刷所ではたらかせることにしました。それは、兄が経

営する印刷所でした。12歳のフランクリンは、手も顔もインキでまっ黒にして、よくはたらきました。そして食事代を半分にへらして本を買い、勉強をつづけました。

ロンドンで発行されている新聞のとじ込みを手に入れ、そのなかの、すぐれた文を書き写して、文章の勉強も始めました。

「自分の力で、せいいっぱい学ぼう」

学校に行けないフランクリンは、こうして、ことばをおぼえ、知識をふやし、自分をのばしていきました。

ところが17歳になったとき、兄とけんかをして、印刷所をとびだしてしまいました。

兄が発行している新聞に文章をのせて、自分の力をためしてみようと考えたフランクリンは、とく名で書いた原稿を、朝早く、印刷所の入り口にそっと置いておくことを始めました。兄たちは、文章のうまさと内容のおもしろさに感心して、その原稿を、つぎつぎ新聞にのせました。すると、その読みものは町で大ひょうばんになりました。しかし、やがてフランクリンのしわざだとばれてしまい「子どものくせに、なまいきなやつだ」と、兄をおこらせてしまったのです。
「よし、これからは、ひとりでやっていこう」
　フランクリンは、本を売ってわずかなお金を作り、父や母のいるボストンに別れをつげて、船に乗りました。

●知事にだまされて悲しい旅

　フランクリンは、ボストンから南へおよそ500キロメートルもはなれたフィラデルフィアにたどりつき、町の印刷所ではたらきはじめました。
　ボストンにいたとき以上に、たべるものも着るものも節約して本を買い、きびしい勉強をつづけました。また、町の読書ずきの若者たちと仲よしになり、夜は、さまざまなことを語りあいながら、考えを深めていきました。
　やがて、思いがけないことが起こりました。

　フランクリンの知識の深さを知った、この地方の知事が、印刷所にやってきて、おどろくようなことをいいだしたのです。
「この町に、新しい印刷所を作ってくれないか。お金のことは心配しなくてもいいんだよ。機械や活字などは、きみが、イギリスまで行ってそろえてきたらいい」
　フランクリンは、この知事を、世界じゅうでいちばんすばらしい人だと思い込みました。そして、数か月ののち、胸をおどらせて、ロンドンへ行く船に乗りました。
　ところが、長い旅を終えてロンドンへついてみると、知事の約束は、ぜんぶ、うそでした。送ってくれること

になっていたお金も、機械を買う会社へのしょうかい状もとどいていません。いろいろな人に聞いてみると、りっぱに見えた知事は、人をよろこばせるために、つい、うそをついてしまう人だということがわかりました。
「お金もない。仕事もない。どうしたらよいのだ」
　フランクリンは、困りはててしまいました。でも、しょんぼりしていても、しかたがありません。
　フランクリンは、印刷所をさがして、はたらきはじめました。しかし、植民地のアメリカでおぼえた印刷のうでまえは人に笑われ、そのうえ、帰るためのお金もたまりません。心が暗くなってしまったフランクリンは、勉強で気をまぎらせて、がんばりつづけました。
　フィラデルフィアへ帰る機会がおとずれたのは、１年半がすぎてからでした。アメリカへむかうという商人にやとわれ、やっと船に乗ることができました。
「ロンドンの生活は苦しかった。でも、いろいろな経験をとおして、人間の生きかたをおそわることができた」
　フランクリンは大西洋をこえながら、ロンドンで学んだことのかずかずを、心のなかでかみしめました。

● 人のために社会のために

　ふたたび、フィラデルフィアの印刷所ではたらきはじ

めたフランクリンは、ロンドンの印刷所で学んできたうでまえを、さらにみがき、それから2年ごに、ついに、印刷所を開業しました。フランクリンは22歳でした。
　印刷技術がすぐれているうえに、仲間とジャントー・クラブという討論の会をつくって勉強をつづけるフランクリンの名は、たちまち、町のひょうばんになりました。そして、その翌年『ペンシルベニア・ガゼット』という新聞を発行すると、新聞の美しさ、記事のおもしろさ、文章のすばらしさで、さらに大ひょうばんになり、新聞の売れゆきは日ごとにのびていきました。
　やがて24歳で結婚したフランクリンは、社会に役立

つことを次つぎと考えだしては、実行に移しました。
「本を、おおくの人が利用できるようにしよう」
　まず、ジャントー・クラブの仲間に自分の本を持ちよってもらいました。それに、本を買う会費をおさめてくれる会員をつのって、町に、アメリカで初めての図書館を作りました。
「人びとの家や財産を、火事から守ろう」
　町の人たちに呼びかけて、消防団の組織も作りました。これも、アメリカで初めてのものでした。
　また、寒い冬のあいだ、町じゅうの人びとが、できるだけ少ないねんりょうで暖かくすごせるように、新型のストーブも発明しました。
　フランクリンは、自分の名誉や金もうけを考えたことはありません。頭のなかにあるのは、社会のために、せいいっぱい力をつくすということだけでした。
　フランクリンのなまえは、ますます有名になり、36歳でペンシルベニアの州会書記にえらばれると、翌年にはフィラデルフィア市の郵便局長にも任命されました。そして、さらに42歳で市会議員、45歳で州会議員の地位につきました。
　どの仕事も、自分からなろうとしたのではありません。知識があるうえに心の広いフランクリンを、まわりの人

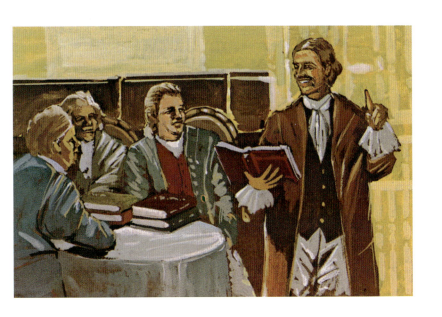

たちが、上へ上へ、おしあげていったのです。

● **成功したかみなりの実験**

　子どものころから、さまざまな本を読んできたフランクリンは、科学にも興味をもっていました。とくに、電気の実験がすきでした。
「かみなりは電気だということを、たしかめてやろう」
　1752年6月のある日、フランクリンは、いまにも、かみなりが鳴りそうな空に、針金をとりつけた布のたこを上げました。たこ糸には、手もとのところに電気をとおさない絹のリボンを結びつけ、たこ糸とリボンのあい

だに、かぎをつるしました。そして、電気をためるライデンびんにそのかぎをつないでおきました。

まもなく、暗い空に、いなずまが走り、電気をおびたたこ糸が、毛ばだつのが見えました。思いきって、手をかぎに近づけてみると、手とかぎの間に小さな電光が飛ぶのも見えました。

フランクリンは、たこをおろして家にとんで帰り、ライデンびんにベルをつないでみました。すると、思ったとおり、ベルは鳴りはじめました。

「いなずまは、やはり、宇宙の電気だったのだ。それなら、もう、かみなりが落ちるのをおそれることはないぞ。高い鉄の柱を立てておけば、落ちてきたかみなりは、みんな地下へにげてしまう」

実験に成功したフランクリンは、かみなりが電気であることを証明すると、ひらい針を発明しました。

「アメリカに偉大な科学者がいるぞ」

科学者として世界じゅうに知れわたったフランクリンは、やがて、ロンドン王立学会の名誉ある会員にえらばれました。しかし、有名な科学者になるのが目的だったのではありません。たこあげ実験をした２年ごには、政治家としてペンシルベニアの代表にえらばれると、こんどは、国のためにはたらきはじめました。

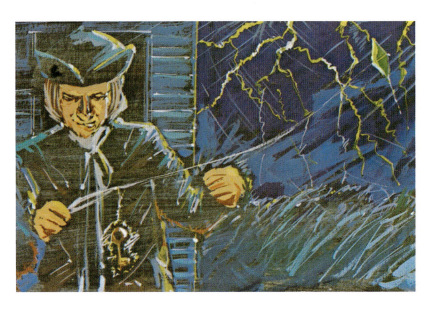

　アメリカ大陸で勢力をのばそうとするイギリス植民地とフランス植民地のあいだで戦争がおこり、フランクリンは、イギリス植民地を守るために戦いました。

●アメリカの独立のために

「勝利のためには、いくつもに分かれているイギリス植民地が、ひとつになって力をあわせなければだめだ」
　フランクリンは、そのころ８つに分かれていた州の連合政府を作ることを、広くよびかけました。また、イギリス本国からの高い税金に苦しむ植民地の人びとのために、イギリスへ渡って活やくしました。

やがて、フランス植民地との戦いは、イギリスの勝利で終わりました。植民地の人びとの税金を安くすることにも成功しました。ところが、それからおよそ10年のあいだに、こんどは、イギリス本国と、アメリカ大陸のイギリス植民地との仲が悪くなり、1775年に、ついに独立するための戦争が始まりました。本国の議会では、植民地の発言権をみとめないばかりか、またも植民地に重い税をかけようとしたため、植民地の人びとは、イギリス本国からはなれて、独立したアメリカ国家を建設するために立ちあがったのです。

　戦争が始まると、植民地の州の代表が集まって、まずアメリカの独立を宣言しました。ついに、アメリカ合衆国が誕生したのです。1776年7月4日のことでした。

　しかし、独立を宣言したものの、苦しい戦いがつづきました。このとき国を救ったのがフランクリンです。

　フランクリンは、かつては、戦いあったフランスへ渡ってアメリカ独立の正しさを訴え、フランスと手をむすぶことに成功して、負けかけていた独立戦争を、アメリカの勝利にみちびきました。

　そして、1783年、イギリスがアメリカの独立をみとめる条約の調印には、アメリカの代表としてその大任を果たし、そのごは、やがて初代大統領になるワシントンを

助けて、アメリカ合衆国憲法の作成に力をつくしました。
　1789年にワシントンが初代大統領になって、アメリカ合衆国が正式に歩みはじめた翌年、フランクリンは、84歳で永遠の眠りにつきました。
　実業家として社会のために、科学者として人類のために、そして政治家としてアメリカのためにつくしたフランクリンの生涯は、ほんとうに偉大でした。しかし、この偉大なことをなしとげさせたのは、フランクリンが天才だったからではありません。たえず努力をする人間だったからです。フランクリンはいまも「建国の父」のひとりとして、アメリカの国民に尊敬されています。

ケプラー （1571—1630）

「火星は、太陽を中心に、だ円をえがいてまわっている」
　惑星の運動を研究して、法則を発見したケプラーは、17世紀の科学に大きな進歩をもたらしました。しかし、偉大な天文学者ケプラーの一生は、病気と貧困の連続でした。
　ヨハネス・ケプラーは、南ドイツのワイルという小さな町に生まれました。家が貧しかったので小学校にも行けず、13歳になってようやく奨学金で僧院付属の学校に入ることができました。たいへんよい成績をあげて、大学にすすみ、牧師になる勉強をしました。そこでメストリンという教授に天文学の教えをうけたことから、天体に興味をいだき、天文学も学びました。
　大学を卒業したケプラーは、教授としてオーストリアのグラーツ大学にまねかれました。そして、数学と天文学を教えます。教だんに立つかたわら、こつこつと天文学の研究をつづけ、その成果を『宇宙の神秘』という本にまとめました。コペルニクスの地動説にもとづいて書かれた論文です。
　ケプラーは、1600年チェコのプラハに、チコ・ブラーエを訪ねました。ブラーエは、世界最大の天文台で観測をつづけていた有名な学者です。しかも、皇帝の保護をうけて、高い地位にいました。ケプラーは助手となって、惑星の位置表を作る仕事を始めます。ところが1年ごに、ブラーエが死んでしまい、ケプラーは任務をうけついで、それから10年あまり、惑星の観測にうちこみました。
　皇帝の保護とは名ばかりで、パンさえ買えない苦しい生活がつづき、幼いときから病気がちだったからだは、いっそう弱り、

とうとう胸の病気におかされてしまいました。病気とまずしさのなかから1609年、ついに『新天文学』が発表されました。惑星の軌道は、それまで考えられていた正確な円ではなく、だ円であるという新学説です。のちにニュートンの万有引力にもつながる、たいへんな研究でした。

　ケプラーは、1612年に生活できなくなったプラハを去り、オーストリアのリンツに移り、中学校の数学教師になりました。ここでも給料がおくれたり、もらえなかったりのみじめな暮らしぶりで、暦を作ったり、星占いをしてやっと暮らしをささえるありさまです。

　どん底の生活にありながら1619年には「ケプラーの法則」を完成させて、近代天文学におおくの業績をのこしました。1630年、収入のあてをたよって出た旅先で、苦しみつづけた人生の幕を静かにとじました。

デカルト （1596—1650）

デカルトは、西洋の近代思想のもとを築き、哲学の父とよばれて、歴史に名をのこしています。

デカルトの思想は、すべてを疑うことから始めました。世の中のあらゆる物、できごと、考え方などを疑い、神すら疑ってみました。でも、疑っている自分自身の存在だけは、疑うことができません。「われ思う、ゆえにわれあり」と表現したデカルトのことばは、彼の考え方の基本となっています。

デカルトは、1596年にフランス中部のツーレーヌで生まれました。幼いころから勉強が大すきで、いつも優秀な成績をあげていました。そして、ポアチエの大学にすすみ、法律を学びました。しかし、古い書物の内容をそのまま受け入れるという、むかしながらの学問は、たいくつでしかたがありません。

そこでデカルトは、新しい世界を探そうと、オランダの軍隊に志願兵として入りました。軍隊には、さまざまな人がいます。まず、最高幹部は、数学を行動の根本において考えるほどの合理主義者でした。そして、科学的な考え方をとり入れようと、おおくの学者を集めています。兵器を改良するための研究、製図の技術や建築学の講義などが行なわれ、それらはデカルトの思想の土台を築きあげました。

やがて、実用のための学問から理論的な学問へ目をひらいたデカルトは、人間の生き方、学問への姿勢をもあわせて考え、まとまった意見をもつようになりました。そして数年ごに軍隊を離れ、しばらく旅をつづけたのちフランスへ戻りました。

パリでは、いろいろな人とはなやかに交際しました。学者た

ちと知り合い、ある時は、一人の女性をめぐり決闘までしたこともありました。ところが、ド・ベリュルという人から、あなたはしっかりと哲学にうちこんだ方がよいと忠告されて、パリを離れ、田舎のあちこちの土地をてんてんとします。住所をかくし、人と会うのをさけて生活しました。世間との交際を絶って、ますます自分自身の学問にうちこみ、おおくの重要な論文を書きました。哲学だけではなく、物理学から数学、天文学、化学、医学にまでわたりました。徹底的に疑い、正確で冷静な見方をいつでも失いませんでした。そして学問を総合的に研究して、数学的考え方を用いれば、知識全体のすがたをつかむことができると考えました。デカルトは、学問へのとりくみ方を『方法叙説』という有名な論文で述べています。

　ものの考え方の道しるべをしめしたデカルトは、1650年旅先のスウェーデンで肺炎にかかり、この世を去りました。

クロンウェル (1599—1658)

ルターやカルバンの宗教改革以後、ローマ教皇の支配をうけない新しいキリスト教を新教（プロテスタント）といい、これまでの教会を中心とする教えを旧教（カトリック）といいます。そしてイギリスでは、新教の信者を清教徒（ピューリタン）とよびました。

クロンウェルは、1599年イングランド東部の小さな村に生まれ、清教徒である母親の影響をうけながら育ちました。17歳のとき、ケンブリッジ大学に入りましたが、1年ほどで中退してしまい、ロンドンへでて司法学院に学びました。クロンウェルは、29歳で下院議員にえらばれ、イギリス議会に登場します。

当時イギリス国王のチャールズ1世は、王の権限は神から与えられたもので、国民は政治に口をだしてはならないといって独裁支配を行なっていました。信仰のうえでもイギリス国教を強制して、清教徒をおさえつけ、王の権力は高まる一方です。

そのころのイギリス議会は、王や貴族とむすびついた旧教の議員と、商工業者や農民の利益を代表する清教徒の議員が、はげしく対立し、宗教の争いが、そのまま政治の争いに結びついてにらみあっていました。

やがて、国民のための政治をとなえる清教徒議員の力が大きくもりあがり、国王の横暴をおさえる「権利の請願」という法案を成立させました。議会の同意なしに税をかけたり、不法に国民を逮捕したりしないという法律です。

しかし、国王は清教徒議員を逮捕し、議会を解散してしまいました。そのご11年ものあいだ議会をひらかず、言論や信仰を

きびしくとりしまり、重税を国民におしつけました。1640年、国王はお金に困って1度だけ議会をひらきます。でも、国王の無法ぶりにおこった清教徒議員の攻撃にあい、すぐに議会を解散してしまいました。そして国王は、軍隊をむけてきました。

議会も革命軍をつのり、王の軍隊にたちむかいました。こうして清教徒革命の火の手があがったのです。クロンウェルは、革命軍の副司令官として、先頭に立って戦いました。勝利をおさめたクロンウェルは、共和政を宣言し、議会のとりまとめに力をつくしました。しかし、思うようにはかどらず、しだいに自分の考えだけで、政治を動かし始めました。あらゆる権力を、すべて自分のものにして、しだいにきびしい独裁政治となりました。人びとの楽しみとする、芝居や競馬まで禁止したので、たいへん評判をおとしてしまいます。人びとの心は、離れて行き、クロンウェルが死ぬと、ふたたび王政にもどりました。

レンブラント (1606—1669)

　17世紀、オランダで活やくしたレンブラントは、現在もおおくの人に親しまれている世界的な画家です。

　レンブラントは、粉屋の8番めの子どもとしてライデンに生まれました。14歳でライデン大学に入学して、法律を勉強していましたが、しばらくすると、幼いころからの夢だった絵かきになりたくて、大学をやめてしまいました。

　レンブラントは、画家のもとに弟子入りして、3年間基本的な知識や技術を身につけたのち、今度はアムステルダムへ行き、そのころたいへん評判のよかったラストマンに、半年間指導を受けました。ラストマンは、ローマに留学したこともあり、新しい芸術にくわしい人です。レンブラントが学んだことは、少なくありませんでした。絵をかくのに必要な色彩や構図について細かい教育を受けたばかりでなく、絵の主題に、宗教や歴史をあつかう手法を習得するなど、大きな影響を受けています。

　新人として、美術界に登場したレンブラントは、アムステルダム市の外科医組合から注文を受けて『トゥルプ博士の解剖学講義』という絵をかきました。それ以前の伝統的な絵とは違って、工夫された構図と、人物のさまざまな表情をたくみにとらえていることで、緊張感あふれる画面でした。新鮮な画風に人びとは驚き、レンブラントはいちやく人気画家になりました。絵の注文が次からつぎへと来て、行列ができるほどです。

　オランダは、スペインの支配からようやくぬけだして、町中に明るい活気があふれていました。芸術も市民に支えられて、たいへん盛んです。この時代には、市民生活に根ざした身近な

レンブラント画より

作品がおおく制作されています。

　ところが1642年に市警隊の注文でかいた『夜警』という作品は、たいへん変わっていました。市警隊の肖像ですが、隊とは何の関係もなさそうな人物ばかりで、中には死んだニワトリを肩にかついでいる、意味不明の少女もいます。明暗の効果をいかした奥ゆきのある名作でしたが、どう理解したらよいのか、人びとは見当もつきません。

　レンブラントの絵の売れ行きが急に落ちたのにくわえ、それまでの浪費がたたって、生活は日ごとに苦しくなっていきます。混乱した毎日を過ごし、とうとう破産してしまいました。財産をすべて手放し、それからは画商の使用人となって絵をかきつづけました。レンブラントは芸術にますますうちこみ、神秘的なほど深みのある作風になります。人の心の奥底にしみこむような絵をたくさんのこして、この世を去りました。

パスカル (1623—1662)

　パスカルは、科学者として、数かずの業績をのこすとともに、キリスト教の信仰をとおして人間を深くみつめました。

　ブレーズ・パスカルは、フランス南部のクレルモン市に生まれました。幼いころ母を失い、父の手で育てられました。父は税務裁判所の所長をつとめた人で、自然科学にもくわしい教養のある人でした。パスカルが8歳のときに、子どもの教育を考えて、父は役所をやめ、一家でパリに移り住みました。

　パスカル少年の知能は、なみはずれていました。父が何かを教えようとすると、いつでももっとずっと難しいことを学んでいました。だれからも教わらない幾何学を、パスカルは一人で勉強していたということも伝えられています。たとえば、ユークリッド幾何学の定理を自分の力で発見し、証明してしまいました。「三角形の内角の和は2直角である」という古代ギリシアの大数学者ユークリッドの解明した定理です。パスカルはこの時まだ12歳でしたから、父はたいへんおどろきました。

　その後も数学や物理学の研究をつづけ、わずか17歳で「パスカルの定理」という幾何学上の大きな発見をしました。また、計算の仕事に頭を痛めている父親を助けようと、19歳で計算器を発明し、25歳になると「パスカルの原理」という物理学の法則を発見するなど、めざましい活やくぶりでした。

　パスカルは、若くして偉大な業績をあげました。しかし、自分が幸福だとは少しも思いませんでした。社会に認められ、出世をすればするほど不安がつのります。文学や哲学に救いを求めますが、解答は得られず、心の悩みは増していくばかりでし

た。そこで、人間の正しい姿を宗教に探そうとしました。熱心な努力をつづけました。するとある夜、パスカルの心に、キリストのために生きようという、不思議な気持ちがわきおこりました。どんなことがあっても、ゆるがない強い気持ちでした。

　ロアイヤル修道院に入り、パスカルは、静かな信仰生活を送りました。人間に対して、するどい考えをもつようになり、奥深い思想をはぐくみました。パスカルの『パンセ』は、キリスト教信仰の道しるべとして書かれたものですが、洗練されたことばで、人間性を語ったたいへん高度な内容の書物です。
「人間は自然のうちでもっとも弱い、１本の葦にすぎない。しかし、それは、考える葦である」
　有名な１節です。人間は悲惨なほどに弱い存在だけれども、同時に、人間は考えることができるから偉大であるといっているのです。

ルイ14世 (1638—1715)

　フランスのブルボン王家では、1643年にルイ13世が亡くなり、子のルイ14世が、わずか5歳で国王の位をつぎました。ルイ14世は、両親の結婚から22年もたって生まれた王子です。即位はしても、実際の政治は、母親のアンヌと宰相のマザランが行ないました。それでもルイ14世は、子ども心に、一国の王として「ぼくは、だれよりも偉い」と信じ、わがままいっぱいに育ちました。やがてルイ14世は、絶対君主の政治をおしすすめ、権力をふるうようになります。

　ルイ14世が自分で直接政治にたずさわるようになったのは、マザランが死んだ1661年からです。もう宰相という総理大臣はおかず、国王自らの手で政治を行なっていくことにしました。「宰相に政治をまかせてはいけない。王自身が国を治めることこそ、神からあたえられた権限だ。私そのものが、国家である」国土も国民も、自分のものであると23歳の若い王は考えました。最高国務会議も形だけのもので、ルイ14世の一声ですべてが決められました。

　祭りの時、王が着る衣装には、太陽がいちめんにデザインされています。喜びを生む太陽、永遠に輝く太陽を、王のシンボルとしたのです。人びとはルイ14世を「太陽王」とよびました。

　ルイ14世は、自分と違う考えをもつ政治家や貴族を、どんどん追放しました。それまで、行政官や軍の司令官になるのは、名門の貴族に限っていましたが、これを、金持ちの商工業者から人を採用し、役につかせました。たとえば、国の経済を豊かにするために、コルベールという人を財務長官に任命しました。

　コルベールは毛織物商人の息子でしたが、王の政策をたくみにとりまとめて大きなはたらきをしました。ヨーロッパで、もっとも強い軍隊をつくった陸軍大臣のルーボアという人も、商人の出身でした。このようにしてルイ14世は、国の政治を改革し、同時に王の権力も強くしていったのです。しかし、絶対王政のゆきすぎは、国民を苦しめました。

　そのころ国内に、新教徒がふえてきました。これに対し、旧教徒の王は、祖父アンリー4世が信仰の自由をみとめたものを廃止して、新教徒の地位や財産をとりあげるなどの迫害をくわえました。このため、数十万人の新教徒たちが、国外に逃げだしたといわれます。ルイ14世が、世界一豪華なベルサイユ宮殿を建てたのは1682年のことです。昼も夜も、音楽やバレーが演じられ、ぜいたくにパーティーをくりひろげている間に、フランスの国力はだんだんおとろえていきました。

ピョートル大帝 (1672—1725)

　ピョートル大帝は、頑丈な体と何ものにも負けない強い意志を持ち、旧ロシアの近代化をすすめました。ピョートル大帝が生まれたころのロシアは、たいへんおくれた国でした。政治のすすめ方が古く、そのため産業や文化、教育など、あらゆる点で西ヨーロッパにおくれをとっていました。

　ピョートルは、少年時代を宮廷ではなく、モスクワに近いあるいなかの村でひっそり暮らしていました。高い身分にもかかわらず、近所のふつうの住民と自由に交際することができました。同じ土地に外国人ばかり住んでいる所があったので、ロシア人のまだ知らない、進んだ知識をたくさん耳にしました。ピョートルの胸はときめきました。数学や建築、航海術をはじめとして、工作、印刷まで幅広く知識を修得しました。また、いなかの子どもたちと兵隊遊びをして、野や山をかけまわる活発な少年でした。この兵隊遊びは、のちに本格的な軍隊となり、ロシアの軍事政策の中心となります。

　ピョートルは、22歳の年から、皇帝としての仕事を始めます。国力をのばそうと、すぐれた計画をたて、す早く実行しました。

　トルコにあるアゾフというとりでは、ロシアが外交政策をすすめるのにじゃまなところです。さっそく、自分の支配におこうとしましたが、戦力不足で失敗してしまいます。そこで、ピョートルは、有名な外人技術者と腕のよい職人を国じゅうからかき集め、海戦のために軍艦をつくらせました。ピョートル自身が現場で監督し、寒さと重労働にたえられずに倒れる者には、むちの雨をふらせ働かせました。1696年、再びアゾフを

攻め、占領に成功すると、勢いにのって、ますます海軍の強化につとめました。

疲れを知らぬ行動力で、必要な知識や技術は、自分自身の手で学びとり、吸収しました。1697年には、名前を変え、皇帝の身分をかくして、海外を視察に行きました。オランダは、造船の技術が進んだ国です。ピョートルは、職人の見習いとして、アムステルダムの造船所にもぐりこみ、基本から勉強しました。汗と油にまみれ、へりくだったすがたは、皇帝とは思えませんでした。一方、政治や経済についても、西ヨーロッパの進んだ考えをとり入れ、各方面の学者や専門家を連れ帰って、ロシアの根強いおくれを解決しました。

ピョートル大帝は、人なみ以上の体力と気力の持ち主でしたが、おぼれている部下を助けようとして、つめたい海に飛びこんだのがもとで体を弱らせ、死んでしまいました。

バッハ (1685—1750)

　バッハは、ドイツのアイゼナハという町に、なん代もつづく音楽家の家に生まれ、幼いころから、自分も音楽の道へ進むことを心に決めていました。

　9歳のときに母を亡くし、つぎの年には父も失ってしまいました。でも、幸いなことにオルガン奏者だった兄にひきとられたので、音楽の勉強をつづけることができました。兄は、オルガンのひきかたも、作曲も教えてくれました。ところが、才能のあるバッハは、教えてもらうだけではものたりません。兄がたいせつにしまっている楽譜を夜なかに、こっそり取りだして、窓からさしこむ月の光ですっかりうつしとり、むずかしい曲を自分の力で学びました。

「自由に、もっといろいろな音楽を学びたい」

　15歳のとき、兄の家をでて、よその町の教会の聖歌隊員になり、高等学校へかよいながら、広い音楽の世界へとびこんでいきました。音楽会があると聞けば、食事も馬車に乗るのもけんやくして、一日じゅう歩いて遠くの町へでかけました。新しい音楽を学ぶことができれば、腹がすくことや足がいたいのをがまんするくらい、なんでもないことでした。

　18歳で、宮廷にバイオリン奏者として招かれ、つづいて教会のオルガン奏者になり、このころから、作曲にも、すぐれた才能をみせるようになりました。そして、23歳になると、こんどはオルガン奏者として、ふたたび宮廷にむかえられて、神へのいのりをこめたオルガン曲をつぎつぎに作り、オルガン奏者バッハ、作曲家バッハの名は、しだいに国じゅうに広まりました。

　そのご、宮廷交響楽団の楽長から、やがては大都市ライプチヒの聖トマス教会合唱長になり、そのあいだに、さらに『ブランデンブルク協奏曲』『バイオリン協奏曲』などの合奏曲のほか、十字架にはりつけにされたキリストにささげる受難曲や、教会でうたう声楽曲を、数おおく作曲しました。

　バッハは、それまでは神へのいのりのために作られていた教会の音楽を、芸術の香り高い音楽へひきあげました。それはバロック音楽とよばれています。そして、人間の悲しみや喜びを、音楽のなかで表現しました。

　バッハは晩年、目が見えなくなってしまい、不自由な生活をつづけて、65歳でこの世を去りました。死後、バッハの音楽はほとんど忘れられてしまいましたが、半世紀もたってふたたびその価値がみとめられました。いまでは西洋音楽の土台を築いた作曲家として音楽の父とたたえられています。

ヘンデル (1685—1759)

　ヘンデルは、1685年2月にドイツのハレというところで生まれました。ちょうどその1か月ごに、おなじドイツでバッハが誕生しています。二人とも、バロック音楽の完成者として、世界に名をのこしました。バッハが国内で活躍したのに対して、ヘンデルは、イタリアで学んだあとイギリスへ行って、おおくの仕事をしたので、むしろイギリスの作曲家といわれています。

　ヘンデルの、音楽家になりたいという幼いときからの願いを、父はなかなか聞きいれてくれませんでした。父はヘンデルを法律家にさせたかったのです。ヘンデルは、父にかくれて夜中にこっそり音楽の練習にとりくみました。

　ある日、父がつかえる公爵の宮廷に招かれて、7歳のヘンデルがオルガンをひきました。ヘンデルの名演奏に感心した公爵は、父に、しっかり教育してオルガン奏者にさせるように説きました。それからのヘンデルは、音楽の先生に指導をうけて、演奏と作曲のうでをみがいていきました。

　18歳の年に、そのころドイツオペラの中心地だったハンブルクへ行きました。オペラ劇場のバイオリンひきで生計を立てながら、積極的に音楽の勉強をします。しかしある時、オルガン奏者として、名誉ある地位を望み、名の知れた老オルガン奏者の後継者になろうと考え、遠方まで訪ねたことがあります。ところが、思いもかけないことに、自分の娘と結婚しなければ、弟子にもしてやらないという条件を出されました。気に入らない娘なので、あわててハンブルクへ逃げ帰りました。それからのヘンデルは、心を入れかえて作曲にうち込みました。

　そのご、イタリアへおもむき、おおらかで親しみやすいおおくの曲を発表して、たちまちヘンデルは、評判になりました。
　木の葉が色づく秋、25歳のヘンデルはイギリスに渡りました。以後イタリア・オペラの作曲家、くわえて劇場経営者として、一生イギリスで活動します。なん度も大成功と破産をくり返しながら『水上の音楽』『メサイア』の傑作を生みだしました。
　ロンドンで『メサイア』が初演されたとき、国王ジョージ2世は、第2部の最後に歌われる「ハレルヤ・コーラス」のあまりの感動に、思わず立ちあがって聴きました。それ以来、いまでもこの雄大なコーラスが演奏されると、全員起立して聴くという習慣になっています。
　ヘンデルの音楽には、イタリア人の解放的な明るさと、ドイツ人のふかい情感と、イギリス人の伝統につちかわれた力強さとがまじりあって、ゆたかな感情のほとばしりが感じられます。

モンテスキュー (1689—1755)

 ヨーロッパは、暗く重苦しい封建社会から、ようやく脱け出そうとしていました。経済の進んでいたイギリスでは、どの国よりも早く市民革命がおきました。同時に合理的な物の見方、考え方が生まれ、周囲の国ぐにを刺激しました。そして、フランスにも新しい精神が芽生えるようになりました。

 モンテスキューは、フランスのボルドーにほど近いラ・ブレードに生まれました。16世紀からつづく、古い貴族の家柄でした。大学で法律を学び、卒業ごも勉強をつづけていましたが、27歳のとき、伯父が亡くなり、財産と地位を相続しました。高等法院の副長官となり、モンテスキューは若くして、安定した身分を得ることとなります。

 あるとき『ペルシア人の手紙』という書物が町じゅうで評判になりました。当時の習慣やパリの文明をするどくみつめ、たくみに批判している本です。古いものをためらわずに、洗い流そうとする新鮮な感覚が、人びとの共感をよびました。作者の名前は、かくされていたのですが、すぐにモンテスキューだと見破られ、たちまち有名になりました。

 絶好の機会でした。モンテスキューは不動の評価をかちとろうとパリに出ます。宮廷貴族の集まりに参加したり、軽い文学作品を書いたりしました。パリに住みつづけていたのは、いずれ名誉ある「アカデミー・フランセーズ」の会員になるつもりでいたからです。ところが、モンテスキューをこころよく思わない人の反対で、いつまで待っても目的を果たせません。しかたなくあきらめかけていたところ、話が急にすすみ、晴れて会

員になることができました。
　やがてモンテスキューは、自分の考えを深め、見聞を広げるために外国旅行を計画しました。ハンガリーの鉱山見学をふりだしにイタリア、ドイツ、オランダを回り、イギリスに渡って２年間滞在しました。イギリスでは、議会を見学し、おおくの書物を手に入れ、新聞を毎日たんねんに読むという、実りおおい生活を送りました。
　フランスに帰国ごは、法律と政治を論じたものを書き始めました。大がかりな計画をたて、法律、歴史、地理、経済、政治、思想といった各分野の勉強からとりくみました。広大な準備のすえ、完成したのは『法と精神』という本です。政治の三権分立を主張したこの作品は、フランス革命のよりどころとなったり、「人権宣言」やアメリカ合衆国の憲法に大きな影響を与えたりしました。

ルソー (1712—1778)

　フランスの思想家ルソーは、常識にとらわれず、独自の見方で人間をとらえました。理性とか知識より、心の奥にひそむ自然な感情をたいせつにして、社会を見直そうとしました。不平等な社会のしくみを批判し、自由のある民主的な国づくりを説いて、フランス革命の導きとなった人です。

　ジャン・ジャック・ルソーは、スイスのジュネーブで生まれました。ところが、数日ごに母親は死んでしまいました。しかも、悪いことには時計職人だった無気力な父が、そのうちルソーを置き去りにして、出ていってしまいました。学校にも通えないルソーは、教会の寄宿舎に住みこんだり、彫刻師のところに徒弟奉公をしたりという不幸な少年時代をすごしました。

　愛情のない、いじめられどおしの生活がつづき、ルソーはすっかりいじけてしまいました。暗くじめじめした毎日ですが、読書だけは熱心でした。いつも黙りこくって、一人で本ばかり読んでいました。彫刻師のもとで生活していたルソーは、労働をきびしく強制される毎日にたえられず、逃げ出しました。すさんだ気持ちであちこちの土地を放浪しました。

　身も心も不安定なまま、わたり歩く孤独なルソーに、あるとき一人の女性が救いをもたらしました。バラン夫人という、いつもほほえんでいる静かな話しぶりの人です。愛を知らずに育ったルソーを母親のように、暖かくはぐくみました。深い教養をもつバラン夫人と暮らし始めたルソーは、哲学や歴史、語学、音楽など幅広い知識を身につけました。

　約10年間の共同生活ののち、ルソーはパリへ行きました。

社交界に加わり、名の知れた学者や文化人と交際しましたが、少しもなじめませんでした。ある時は、政治の世界で世に出ようとしましたが、失敗に終わりました。何をやってもうまくいかないルソーは、だんだんみじめな気持ちになっていきます。

しかし、論文の懸賞に『学問芸術論』を提出したところ、思いがけず第1位に選ばれました。文明を批判し、自然を尊ぶ精神に、おおくの人が関心をもち、たちまち評判になりました。ルソーは、自分の考えを発展させて、『社会契約論』（民約論）や『エミール』のすぐれた作品を発表しました。政治や文明をするどく追究し、自由で平等な社会づくりを論じています。人間性をとり戻すために、新しい社会制度や教育のあり方を主張し、ルソーはますます世に知られるようになりました。でも、古い考え方の権力者たちににらまれて、不運な晩年を過しました。ルソーの業績はさまざまな方面に影響を与えました。

カント (1724—1804)

18世紀後半のドイツ哲学は、考え方が固定され、独断主義とよばれていました。人間にそなわっている知性や能力を批判したり、疑ったりせず、そのままの純粋な思考だけで真理を発見できるという考え方です。カントは、その古い思想をのりこえ、批判哲学という哲学体系を確立して、精神面を重視したドイツ観念論の代表的思想家となりました。

イマヌエル・カントは、毎日聖書を読む、静かな家庭に育ちました。信仰の厚い両親のもとで、つつしみ深い生活をおくり、寛容と道徳を身につけました。やがて、青年になると地元のケーニヒスブルク大学に進み、哲学を学びますが、数学や物理学などにも熱心にとりくみ、成果をあげました。カントが最初に書いた論文は『活力の真の測定についての考察』という物理学の研究です。卒業ご、数年間は家庭教師をして、生活していきました。しばらくすると、母校ケーニヒスブルク大学に講師として招かれました。数学、科学などの問題を講義して、15年めに教授へ昇進しました。カントは、こつこつときまじめに勤めつづけ、学長に選ばれたこともありました。

毎日規則的な生活を送り、朝は必ず5時に起床し、夜10時には床に入りました。1日の生活は、すべて計画にしたがって行動しました。散歩の時間まで時計のように正確に決めて、自分自身にきびしく義務づけました。

カントは、教授になってから10年あまりは、特に大きな活やくをしませんでした。でも、57歳になると『純粋理性批判』という論文を出版して、批判哲学の基礎をつくり、つづけ

　て『実践理性批判』『判断力批判』を発表しました。カントの名は学問の世界に知れわたり、確かな地位を得ました。

　そのころのヨーロッパの思想は、理性によって物の本質をとらえようとする合理主義と、経験によってみきわめようとする経験論と、２つの流れがありました。カントは、冷静に考え、理性でも、経験でもわりきれない精神的な世界があり、それが、道徳や宗教につながっていることを説きました。そして、科学と道徳、あるいは物と心をむすびつけるのは、判断力である、というふうにまとめました。カントの考えかたには、当時のヨーロッパにひろがっていた啓蒙主義の思想も、強くはたらいています。

　カントは、一生だれとも結婚しませんでした。弱い体で80歳まで生きたのは、質素で、規則正しい生活をおくったからでしょう。

クック (1728—1779)

　ジェームズ・クックというよりキャプテン・クックのよび名で知られる海洋探検家は、18世紀のなかば、世界の海を縦横に走り回り、さまざまな業績をのこしました。

　クックは、イギリスのヨークシャーに生まれました。父は、農場にやとわれている労務者でした。家庭はいつも貧しく、農場の費用でようやく村の学校に通うことができました。生活のために早くから働かなければならず、雑貨屋で仕事をしていました。そのうち海にあこがれるようになり、思い切って海運業者のもとへ徒弟奉公にあがりました。数学と航海術をみっちりと学んだうえ、荒れる海を数限りなく経験して、クックは一人前のたくましい船乗りに成長しました。

　クックは、すでに幅広い知識をもっていたので、それだけで十分社会に通用しました。しかし、よりいっそう、新しい体験を求めて海軍に志願しました。ちょうどイギリスがフランスと戦争を始めたころです。戦艦ペンブルック号に乗りこみ、測量や製図などの方面で大いに活やくしました。地理上の調査にも腕をふるい、その力はおおくの人に注目されました。数学、天文学、測量術などの研究にうちこみ、評判は高まるばかりです。

　そのころ、王立学会が南太平洋に遠征観測隊をおくって、金星の動きを観測してくることになり、司令官にクックが選ばれました。大西洋を南にむかった船は、1か月以上もかけてアメリカ大陸の南端を通過し、太平洋にでました。やがて、緑の島タヒチにたどりつき、観測に成功しました。クックの一行は、すぐには帰国しないで、そのまま南太平洋の探検をつづけまし

た。海図にもでていない南方大陸を調べることが、もう1つの任務だったからです。そして大陸の一部と思われていたニュージーランドが南北につらなる2つの島であることをつきとめ、さらに西へ進み、オーストラリア大陸に達しました。クックが、大陸のようすをくわしく調査したのち、イギリスはオーストラリアを自分の領土にすることを宣言しました。

クックは、この大航海につづいて、さらに2回の大航海をなしとげました。南極へむかった航海では、ニューカレドニアやフィジーなど未知の島を多数確認しながら、新しい航路を開拓しました。たいへんな偉業でした。

ところが、最後の航海で、アラスカ半島を回った時、北極海の厚い氷にはばまれて、それ以上進めなくなりました。しかたなく戻って、ハワイで過そうとしましたが、原住民と争って、海岸で殺されてしまいました。

アークライト (1732—1792)

　ほとんどの発明は、一人の人間がとつぜんにつくりだすものではなく、まえの人が考えたものを土台にして、改善されながら、新しい実をむすぶものです。紡績機を発明したアークライトは、身の回りにある機械の長所を大いにとりいれました。まず、手動の単純な紡績の機械を、水力式にして生産力を高め、さらに蒸気機関をとりいれ、紡績工場の近代化をすすめました。

　リチャード・アークライトは、イギリスのプレストンという小さな町に生まれました。子だくさんの貧しい家でしたので、アークライトは10歳の時、床屋へ小僧にだされました。18歳になると、独立してボストンに店をひらきました。毛ぞめ液をつくったり、かつらの毛を売り買いしたりして、たくわえもできるようになりました。アークライトが紡績機に関心をもちはじめたのは、かつらの毛を仕入れるために国じゅうを旅して見聞をひろめていたころです。

　18世紀もなかば、世の中は産業革命によって、近代資本主義社会へうごきはじめていました。イギリスは、植民地から原料をはこんできて、それを製品にして輸出するために、商工業がめざましく発展してきました。とくに、インドの綿花を織る紡績業は、産業の中心です。しかし、織機の進歩にくらべて、糸をつむぐ紡績機が追いつきません。そのころつかわれていたジェニー機にしても、人力によるものでしたから、能率に限りがありました。アークライトは、何とかジェニー機以上にはたらく機械をつくろうと苦心しました。そして、床屋をやめて発明にうちこみ、ついに1769年、水力紡績機をつくりだしまし

た。そのころは、飛躍的な時代の波に乗って、あわよくば大金をつかもうとする人が、たくさんいました。アークライトもすばやく特許をとりました。

　アークライトは、1771年にダービーシャーに、新型機をそなえた紡績工場をたて、1779年には、紡績の中心地ランカシャーにも、イギリスいちばんの大工場をつくり、事業をふくらませていきました。蒸気機関ができると、すぐに水力式から蒸気機関にきりかえて、一気に生産力を高め、次から次へと新しい技術をとりいれ、紡績工業を近代化しました。アークライトは、家内工業を工場生産へ発展させるという産業革命への偉大な功績をあげて歴史に名をのこし、しかも一代でたいへんな財産を築きました。しかし、文明を発展させたアークライトに、不満の声もありました。便利な機械を発明することによって、数おおくの労働者から仕事をうばってしまったからです。

「読書の手びき」

ニュートン

ニュートンは、ケンブリッジ大学を卒業すると、そのまま大学に残って研究をつづけました。しかし、さまざまな大発見の基礎をまとめたのは、大学の研究室ではなく、ロンドンに流行したペストからのがれて、ふるさとへ帰っていた間だといわれています。光の分散の実験を始めたのも、万有引力の法則の研究にとりかかったのも、さらに、微分積分学という計算方式を思いついたのも、すべて在郷中でした。子どものころから科学心をはぐくみつづけたニュートンは、研究の場をはなれているときも、そして野を散歩するときも、つねに、科学的に思索することを怠らなかったのです。ニュートンは、けっして天才ではありませんでした。でも、未知の世界にいどんでいく心や、自然界のふしぎに目を向けていく心は、だれにも負けないものをもっていました。だからこそ、リンゴが木から落ちるという小さなことから出発して、引力の法則の発見という大きなものへ到達することができたのではないでしょうか。このリンゴの話は、発見は、ものごとに疑問をいだくことから始まるのだ、ということに気づかせてくれる、このうえない教訓です。ニュートンは、生涯、結婚しませんでした。自分のすべてを科学の世界に投入して生きたからにほかなりません。万有引力の法則にもとづく力学の確立や、物理学の中に数学的方法をとり入れたことは、そのごの物理学や天文学の基礎になったことだけを考えても、科学者ニュートンの偉大さがわかります。

フランクリン

フランクリンは、印刷所の少年工から出発して、アメリカ建国の父のひとりとうたわれるほどになりました。しかし、フランクリンの真の偉大さは、地位や名誉を得たことにあるのではなく、人と社会のために生きつづけた